ES OBLIGADO REINVENTARNOS

RONALD RODRIGUEZ

Título Original: **ES OBLIGADO, REINVENTARNOS**

ABRIL 2013

Autor: **Ronald Rodríguez**

ronaldrodriguez75@hotmail.com

ronpott2000@yahoo.com

765 366 8354

Portada e Ilustraciones: Ronald Rodríguez

ISBN-13:978-1484853467

ISBN-10:1484853466

EDITORIAL POSITIVO

NOTAS DE L AUTOR

Como un espectador más del caos con que se percibe toda las Comunidades o Sociedades, me ha llevado a sumergirme en un estudio breve pero profundo de la situación. Y es por eso que expongo en este pequeño ensayo lo que para mi debiera ser la solución inmediata a seguir. No quiero imponer ideas a seguir literalmente como las pienso, sino que sean estas, tomadas como un incentivo para comenzar analizar y pensar cuál es la actitud que debiéramos asumir ante la realidad existente.

ES OBLIGADO, REINVENTARNOS

Ante el fracaso abierto y estruendosos de las Comunidades o Sociedades, tanto en lo social; en lo civil; en lo económico y en lo político, no nos queda más remedio, que pensar con seriedad; con honestidad; con claridad y con analices profundos, al mismo tiempo deslastrándonos de todas las visiones existentes, para poder encontrar el camino acertado que nos permita revertir tan elocuente realidad. Tendremos que buscar un sistema ideal, donde podamos construir verdaderas Comunidades o Sociedades que no nos lleve al mismo desastre que estamos vislumbrando actualmente, es por eso que estoy altamente convencido de que lo más razonable y cierto es que tenemos que REINVENTARNOS. Y cuando digo REINVENTARNOS, lo digo en todas sus formas. Desde reinventarnos como hombre, como sociedad y hasta como ente pensante. Debemos cambiar nuestra conducta, nuestra naturaleza como ser ideológico, como ser religioso y como ser filosófico; debemos de buscar una nueva forma de análisis que sea más precisa, real y más humana. Y es que hasta debemos revisar y parece irónico, las más elementales y simples ejecuciones de matemática, porque pareciera que cuando sumamos el resultado siempre es negativo e igualmente cuando por ejemplo a 100 le restamos 50 nos sobra 30 y no 50 como nos los enseñaron.

Debemos estar conscientes que hay Reinventar primordialmente:

- La Política, la cual dejo de ser un instrumento necesario para las comunidades, para convertirse en un ente secuestrador de la inteligencia, de la racionalidad, de la honradez, de la vergüenza y de las cualidades de servicios.

- Hay que reinventar la Economía como ciencia basada en la realidad y no en sistemas y cuadros que no benefician al crecimiento de las comunidades.
- A los Estados hay que reinventarlos también tanto en las formas de gobierno, como en su división política y geográfica.

- Hay que reinventar nuestras Sociedades civiles, para que vean más allá de las fronteras de sus países y que entiendan que el desarrollo, el bienestar, el amor mutuo y la vida del ser humano nos conciernen a todos y no solo a un Estado limitado por un nacionalismo desmesurado.

- Pero para que pueda ocurrir lo anterior, debemos en principio reinventarnos como ser ideológico, religioso, filosófico y ciudadano

Respecto al cambiar la naturaleza del ser ideológico, religioso y filosófico, como lo he enunciado al comienzo y en el punto número (5) anterior, debemos de estar seguro de lo siguiente:

- Las ideologías deben ser cónsonas con realidades y no deben seguir siendo manipuladas por sueños de líderes creados por nuestra desesperación, por nuestra frustración o por el fracaso de Gobiernos corruptos; ni tampoco ser manipuladas por las naciones desarrolladas que están en iguales de condiciones que las nuestras por el debacle social, político y económico; y menos por grupos fanáticos, los cuales crean muerte y destrucción por solo el hecho de creerse de tener la verdad en sus manos.

- La Religiones deben lastrase del egoísmo, del fanatismo, de las actitudes discriminatorias, de las insensibilidades, de las posiciones autocráticas y de las cegueras teológicas, para convertirse en los líderes de una cruzada espiritual con sinceridad, que busque dar aliento y fe al ser humano.

- La filosofía debe despertarse de su aislamiento basado en ideas del pasado y florecer con un pensamiento filosófico enmarcado en la actualidad aportando una forma distinta de ver a la vida a la como la hemos estado viendo.

- El pensamiento y la conducta ciudadana debe de nutrirse de una visión más extensa y clara de lo que es el vivir en Comunidades o Sociedades. No se puede continuar con el egoísmo, ni con la desidia por lo que nos rodea, ni con la conciencia materializada, ni con los sentimientos cegados, ni con el abuso y la desconsideración a los demás seres. Tenemos que cambiar primero nosotros para poder hacer pedir que las cosas cambien y es en esto lo que debemos permitirnos el "Reinventarnos" como ser humano.

Al reinventarnos debemos tener en cuenta las siguientes posiciones:

- Asumir nuestros mismos errores como naciones independientes y no buscar culpables en los Países desarrollados. Tenemos que dejar el fantasma de los imperialismos como los causantes de nuestros atrasos y aceptar con sinceridad, honestidad y valentía que estamos como estamos por la desidia, incapacidad, corrupción de nuestros gobiernos y lo inoperante de nuestros Estados.
- Entender que en las estructuras de las Comunidades o Sociedades siempre existirán las divisiones de clases, porque más allá de las diferencias sociales y económicas que puedan existir entre

ellas, hay las diferencias intelectuales y biológicas del ser humano que son también factores importantes que influyen en las formaciones de las clases. Por ende, se debe de parar con la manipulación de las clases bajas, mintiéndoles que se va acabar esas diferencias y qué se creara una única clase social.

- Aceptar que el modelo Económico vigente no ha sido efectivamente viable para la consagración de los países en vías de desarrollo y que hasta en los países desarrollados también se han comenzado a resentirse por su agotamiento visionario.

- Reconocer que los Estados han creado un desbalance entre el Poder adquisitivo y los bienes por adquirir, Trayendo como consecuencia que las clases más bajas no puedan tener una vida de calidad.

- Deshacernos de los sentimientos tan arraigados como es el Nacionalismo absurdo, el equívoco del concepto de soberanía, el fanatismo a ideologías fracasadas, la incontrolable negación al que si podemos cambiar para mejorar, del perjudicial populismo y del egoísmo irracionales de los lideres o de los que pretenden ser lideres.
- Rescatar los valores positivos de las sociedades, perdidos a través del tiempo y también las cualidades que han producido mejorías en la calidad de vida del ser humano.
- Apoyar todo movimiento que busquen la unión de las naciones sin que esa misma unión trate de perjudicar o menospreciar a ninguna otra que no comparta con sus ideales.
- Criticarnos y hacer conciencia por la manera irresponsable de actuar ante el medio ambiente y ecológico.

QUE HACER PARA REINVENTARNOS

"Si pudiéramos con un dedo apretar un botón y parar a la humanidad, para hacer correcciones o entonarla en su forma de operar, lo haríamos para poder Reinventarnos"

Lamentablemente no es tan fácil como apretar este botón, más aun, es una tarea difícil y escabrosa, porque esto implica muchos cambios, consensos, disposición, desprendimientos, desintereses, discusiones y muchísima visión. Pero, si es posible o debe ser así, ya que si no comenzamos ahora con esta transformación, en nuestro futuro no se vislumbra nada positivo, al contario, vamos a destruir las Comunidades o Sociedades enteras sin ni siquiera llegar a entender el porqué.

Yo estoy convencido que nuestra única y viable solución es el de "Reinventarnos" y para eso debemos comenzar con la simplicidad pero con la seriedad y la honestidad de estudiar "los efectos y sus causas" a través del tiempo, ¿que tenemos, por qué lo tenemos y que en verdad deberíamos tener? Y desde allí, ir creando comunidades más reales, más sensibles, más humanitarias, más productivas, más responsables, más visionarias, más seguras y más cónsonas con la actualidad que vivimos.

Teniendo como hecho haber aceptado las posiciones antes expuestas, propongo con seriedad y responsabilidad lo siguiente, para poder "REINVENTARNOS":

A- REFERENTE A LOS SISTEMAS

• Adoptar un sistema de gobierno donde las prioridades sea el beneficio global, garantizándoles una "Calidad de Vida" a todos los seres pertenecientes de las Comunidades o Sociedades, sin fracturar sus libertades y sus Derechos elementales como son: el Derecho a la vida, el Derecho a la seguridad, el Derecho de la libertad en toda sus expresiones, el Derecho de disentir y protestar el Derecho de la propiedad y el Derecho a la felicidad.

• Adoptar una Economía más humanizada y basada en la realidad que vivimos, funcionando como un ente separado del Estado y que garantice el crecimiento económico de las Comunidades o Sociedades, dejándole al Estado actuar solo como un ente de control y auditor. Esta es la única forma que podríamos tener proyectos económicos con visión a grandes plazo y que no puedan ser remplazados ni terminados por la actitud de trasnochados y equivocados gobernantes.

- La realidad social de ahora no es la misma de antes, porque a través del tiempo se ha ido incrementando los índices de pobreza crítica, debido a que no ha existido ningún sistema, llámese Capitalismo, Socialismo, Monárquico, Comunismo o cualquier otro, que haya podido determinar y crear una política que equilibre la productividad en base de las necesidades sociales, económicas y políticas de toda las Comunidades o Sociedades y sus ciudadanos en general. Por esta circunstancia indiscutible, es necesario, tomar de todos los sistemas políticos existentes lo bueno de cada uno y balancéalo para crear un sistema que lleguen repotenciar la calidad de vida de todas las comunidades en general.

B- REFERENTE A EL ESTADO

- El Estado deben ser sincero de su alcance, en cuanto a los programas que ellos puedan sostener con "Calidad" y no ser irresponsables a tratar de abarcar más de lo que su capacidad les permite, que solo lo que hace es traer como consecuencia el estrangulamiento del bolsillo de la Comunidades o Sociedades, al querer imponer más impuestos que al final solo desbalancea el poder con el querer o sea "el Poder Adquisitivo" de estas.

- Es necesario que el Estado minimice es su mínima expresión posible, el numero de los empleados públicos de las instituciones no productivas, transfiriéndolos a instituciones privadas, semiprivadas o públicas que sean productivas, sin que esto afecte su condición de vida, al contrario los beneficien.

- El Estado debe aceptar que ellos son gobernantes y no industriales, que su tarea primordial es gerencial con más efectividad para logar el bienestar, seguridad, calidad de vida y felicidad de una Nación en su complejidad y no en individualidades.

- El Estado debe ser el primer garante de todos los Derechos de las Comunidades o Sociedades, por lo tanto debe proveerle seguridad general, libertad y calidad de vida.

- El Estado debe ofrecerles seguridad y más ventajas a los inversores y los inversores deben ser más honestos y responsables cuando se refieren al porcentaje de sus ganancias.

- El Estado debe ser mesurado, analítico y visionario cuando implementen los impuestos sobre la productividad de los Productores y de las Compañías, como también sobre los salarios devengados por los ciudadanos.

C- REFERENTE A LAS ESTRUCTURAS SOCIALES

- Es muy importante realizar un estudio sincero y real del tabulador salarial, sin que esto perjudique a las empresas, ni las ponga en circunstancia de debacle o tampoco sea esto un alza en los productos, al querer las empresas subsistir. No hay que basar el salario en la cantidad, sino en el poder adquisitivo del empleado o del trabajador con referencia a los bienes y eso solo puede ser logrado con un balance equitativo entre los salarios, las ganancias y los impuestos. Ni los costos de los productos, ni los salarios y menos los impuestos pueden influir negativamente en el "Poder Adquisitivo" de las comunidades. Debe ser prioritario que cualquier empleado o trabajador de cualquier extracto social pueda tener la capacidad del

"Poder Adquisitivo" para tener una "Calidad de Vida" sin que esto implique ningún sacrificio.

- Los programas sociales deben ser implementados a las necesidades básicas de las comunidades y a las capacidades del Estado. Ejecutados sobre estudios serios, reales, honestos que garanticen que a quienes sean beneficiarios de estos programas, en verdad lo requieren y no se despilfarre en beneficiar a quienes no lo necesitan.

- Las infraestructuras deben ser un punto neurálgico al querer reinventar las sociedades, ya que se le debe de garantizar a las comunidades todos los servicios con plenitud y calidad. No puede existir un solo hogar que no cuente con los servicios básicos como es la electricidad, el agua, el gas, un sistema funcional del bote de las aguas servidas y unas vías públicas de comunicación. Por esta razón hay que re-implementar ciertas políticas de urgencias para que esto pueda lograse en un periodo de corto a mediano plazo.

D- REFERENTE A LA ECONOMIA

• El ente Económico debe implementar un plan a corto plazo que le garantice al Estado una solvencia manejable y a las Comunidades o Sociedades un mayor "Poder adquisitivo". Y otro plan a largo plazo que sostenga el crecimiento de una Economía sustentable para el desarrollo balanceado del Estado y de las Comunidades o Sociedades.

- Entender que las Inversiones son necesarias en este Mundo actual globalizado, donde las fronteras; ni los nacionalismos absurdos, no deben ser impedimentos para ellas, ni obstructoras del desarrollo. Porque el desarrollo de las comunidades viene dado por el progreso de los seres que la conforman, y este progreso parte de que existan nuevas inversiones para que la economía fluya, creando nuevas plazas de trabajo, necesaria para el crecimiento de las Comunidades o Sociedades.

- Rescatar la economía basada en la productividad agrícola y agropecuaria, con el sentido responsable del cuido al medio ambiente y la ecología. Tenemos que ser visionario en estos rubros ya que las comodidades provenientes de los avances tecnológicos, no son los que alargan nuestras vida, sino la "Calidad de alimentación", la "Calidad de nuestro ambiente" y la "Calidad de vida".

• Las Economías basadas en la explotación y exportación del Petróleo deben de redefinir su política en un contexto más humano y al mismo tiempo más beneficioso para las Comunidades y los Estados. No pueden seguir con actitudes absurda que solo buscan cavar su fosa para su mismo entierro. Si estas economías llegaran a pensar con análisis visionario, creo que estarían luchando por abaratar los precios del crudo, para que cada vez existan más invento que dependan de los productos petrolíferos y no al contrario, que por políticas equivocadas han inducido a los mercados buscar otras vías alternativas que conduzca a depender cada vez menos del uso de esta energía e invertir en la búsqueda de productos alternos más accesibles y económicos. Además si estas economías producen más, porque el consumo es mayor, les traerá el progreso de sus comunidades y por ende el desarrollo sostenido.

E- REFERENTE A LAS INSTITUCIONES

Las Instituciones cuales han sido desbastadas por los inescrupulosos gobernantes y sus mismos funcionarios, deben de reencontrarse con su extraviada misión, para que comiencen a funcionar como auténticos pilares de las Comunidades o Sociedades.

Los fundamentos principales por los cuales deben regirse "Las Instituciones" para funcionar como tales son:

- Independencia total.
- Libertad de accionar.
- Apolítica en su facultades como Institución.
- Integridad.
- Honestidad.
- Capacidad.
- Visión.
- Calidad de Servicio.

F- REFERENTE A LAS CORRUPCIONES

Estando claro que la corrupción es un mal que aqueja a nuestras comunidades desde mucho tiempo atrás, que se encuentran enquistadas en el sistema casi como una actitud folklórica y que esta, es una de las causas del efecto trágico de nuestras comunidades. Debemos ante esta realidad implementar los siguientes correctivos:

- La creación de entes paralelos (Imparciales) al Estado que sean controladores y auditores del desempeño de los funcionarios y Servidores públicos.

- Los contractos que requieran ser cotizados, deben decidirse en un acto público, donde no quede duda de la transparencia de la otorgación.

- Efectuar las restas como nos las enseñaron o sea si a 100 le restamos 50, nos quedara 50, y no 30 como ha sido desde hace mucho tiempo debido al 20% que va a parar a los bolsillos de los funcionarios y Servidores públicos. Hay que acabar con esta mala práctica de una vez.

- Hay que "Reinventar" a las autoridades y vigilarlas en todos los niveles, para que el ejecutado sea verdaderamente quien cometió el delito y el inculpado sea verdaderamente el inocente.

G- REFERENTE A LA SEGURIDAD

La seguridad es hoy uno de los puntos donde debemos poner más énfasis, ya que la falta de esta nos afecta a todos considerablemente. Pero en este renglón debemos separarlo en dos puntos de "Inseguridad" que son los siguientes:

- **Inseguridad Interna**

    Esta que se entiende por la inseguridades que se viven dentro de las Comunidades o Sociedades y que están estrechamente ligada a todos nuestros derechos y que aparte de que es un efecto derivado directamente y proporcionalmente a causales del desenvolvimiento de las Comunidades o Sociedades. Entendemos que si no hay seguridad no hay "Libertad", ni el "derecho de la Propiedad", ni tranquilidad y por ende tampoco existirán "Comunidades o

Sociedades Felices". Todos sabemos que son muchas las causales de la "Inseguridad" y las conocemos, pero es necesario entender que una vez este mal, insertado en las Comunidades o Sociedades, no solo bastara con minimizar o eliminar por completo sus causales ni como tampoco bastara con combatirlas a ellas directamente. Esta es una lucha compartida en general, la cual debe apagar los focos que la generan, al mismo tiempo que se lucha con estos males con fuerza y honestidad.

En esta formación de ideas debemos de trabajar en la economía, en los programas sociales, en la implementación del empleo, en el fortalecimiento del "Poder Adquisitivo", en la garantía de los derechos ciudadanos, de las igualdades de oportunidades, del derecho de la salud y del derecho de educación, pero sobre todo el derecho de tener una "Vida de Calidad". Al mismo tiempo debemos crear un estado de Seguridad, donde los que imponen y los que ejecutan las Leyes sean honestos, justos, íntegros e incorruptibles y no sean lo contario, como ha estado pasando a través de todos estos años. Igualmente la política penitenciaria debe de "Reinventarse" como lo asomaremos en las políticas de urgencias en la seguridad. Si no combinamos estas acciones en paralelo, no vamos a poder encontrar la seguridad que tanto ansiamos y que es necesaria para que las comunidades puedan marchar con tranquilidad al logro de una real "Calidad de Vida"

- **Inseguridad Externa.**

La Inseguridad externa, viene dado por la desestabilización de las Comunidades o Sociedades por parte de personas o grupos terroristas; o de Estados extranjeros. Este proceder ilegal y abusivo tiende a conmocionar estructuralmente la Paz y la buena convivencia de los Estados. Es por eso que al "Reinventar" las Instituciones, cabe decir que las Fuerzas Armadas del Estado deben ser reivindicadas en su papel primordial y alejarla de toda vida política, para solamente basarlas a la defensa del territorio Nacional. Al mismo tiempo trabajar en coordinación con las naciones vecinas para resguardar las fronteras comunes y poder luchar en contra todos esos grupos subversivos que de una u otra forma pueden estar actuando libremente en el territorio de las Naciones. Pero es importantísimo tener en cuenta que la armonía con todos los países vecinos tanto en lo social, económico y político vendrá a ser factor de seguridad y progreso para todos.

H- REFERENTE A LAS LIBERTADES

Las libertades del ser humano, ha sido a través de todo el tiempo una de las más maltratadas y a veces por intolerancias y abuso de "Poder" son pisoteadas y hasta suprimida con desfachatez y descaro. Es este derecho donde la fragilidad de una línea que la separa del abuso, puede evidenciar un ultraje de ella, hasta en la más simple convivencia.

Al Reinventarnos como ser humano debemos tener en claro que la Libertad limitada a los derechos individuales de cada quien y sentada en las leyes de la convivencia en Sociedades o en Comunidades, no debe perderse por ninguna razón en la ejecución de acciones o procedimiento que puedan ejecutar un tercero o el Estado o Sociedades como tal. Es inadmisible la coacción de la "Libertad" por la voluntad de quien ejercen los Poderes.

I- REFERENTE A LOS DERECHOS

Según su definición, los derechos humanos son las condiciones que permiten crear una relación integrada entre la persona y la sociedad, que permita a los individuos ser personas jurídicas, identificándose consigo mismos y con los otros. Y de esta definición, parte de ello un conglomerado de Derechos que tiene el ser como persona individual perteneciente a Comunidades o Sociedades. De esta se desprende los siguientes:

- El Derecho a la propiedad
- El Derecho de Libertad (Ya a este lo desarrollamos por separado)
- El Derecho de Educarse
- El Derecho de la Salud
- El Derecho a la Vida
- El Derecho a la Seguridad Personal
- El Derecho al libre tránsito
- El Derecho de Opinar y expresarse
- El Derecho de Elegir o a ser elegido para cargos públicos o sociales
- El Derecho de Pensamiento
- El Derecho de religión
- El Derecho de igualdad
- Etc.

Todos estos compendios de Derechos han sido pisoteados de una u otra forma en las diferentes Sociedades o Comunidades, por parte de los cuerpos gubernamentales muchas as veces, o por las instituciones del Estado o por grupos o personas individuales.

Algunas veces estos Derechos son desfigurados por ignorancia de alguna o de ambas partes.

Lo que si debe estar claro, es que todos estos Derechos que he enunciado, deben ser respetados en su totalidad para que podamos lograr vivir en Comunidades o Sociedades llenas de felicidad, de optimismo, de seguridad y de paz. No podríamos avanzar en ningún cambio significante sino hacemos de honor estas exigencias.

J- REFERENTE A LA POLITICA COMMUNICACIONAL

Cuando hablamos de información y comunicación, debemos tener en cuenta que gracia a la evolución tecnológica, no existe ni secreto y ni ocultamiento de información, aunque lideres o Estados traten de amordazar la libertad de información, tratando de muchas veces cambiar la realidad a su conveniencia, siempre esta es expuesta con fuerza y claridad. Por lo tanto es necesario poner énfasis para que todos los ciudadanos de las Comunidades o Sociedades sin excepción puedan tener de forma fácil el acceso a estas tecnologías y a las redes sociales del Internet.

POLITICAS DE URGENCIAS

Las políticas de urgencias son aquellas que debemos de aplicar de inmediato para poder ir balanceando el buen funcionamiento de las Comunidades o Sociedades, mientras trabajamos incansablemente e inmediatamente en el "Reinventarnos" en su totalidad. Y estas políticas de urgencias deben ser aplicadas en lo siguiente:

EN LO HUMANO.

Con emergencia los Estados debe de trabajar en conjunto con todas las asociaciones civiles; políticas y sociales, la implementación de políticas de enseñanzas que conduzcan a la valorización del ciudadano como ser humano, del amor al prójimo, de la responsabilidad del cuido al sistema ecológico, de la importancia de cuidar y velar por los bienes de los Estados y del sentir de la hermandad del pueblo, no importándole ni la raza, ni las ideas y ni la posición social. Es importante tener en cuenta que cualquiera de estas enseñanzas no debe de servir como adoctrinamiento a ningún ideología, y debe velarse porque el libre pensamiento y albedrio del ser como ser, no debe ser influenciado para beneficio de nadie.

EN LO SOCIAL.

Hay que desarrollar programas sociales de emergencias y paliativos que ayuden a las clases más bajas a ir adquiriendo una vida de calidad, pero al mismo tiempo hay que implementar una economía de desarrollo sustentado que impulsen la demanda laboral con salarios dignos y que le permita a todos los ciudadanos tener un poder adquisitivo acorde a la realidad existente, para que el Estado en un corto plazo, pueda desactivar estos programa sociales de emergencias.

EN LO ECONOMICO.

- Crear un plan de emergencia que contribuya a la estabilización del aparato económico a muy corto plazo. Que implique el desarrollo inmediato de las medianas y pequeñas Industrias, para que el crecimiento de estas comience a generar puestos laborales con sueldos dignos que revitalice el "Poder Adquisitivo". Dando esto como contrapartida la paridad de la oferta y la demanda que ayudaran en el arranque productivo sostenido.

- Este plan de emergencia debe estructurar leyes que le den garantía y confianza a los inversores.

- Es necesario que el Estado se deslastre de la "Burocracia" del papeleo de los Permisos que solo se convierten en un factor de obstrucción a los inversores.

- También el Estado debe ser congruente en la aplicación de los impuestos, para que estos no repercutan en el progreso de las medianas y pequeñas industrias y de los salarios de sus empleados o trabajadores.

- Dar la apertura de capitales privados a la explotación de las tierras con contractos bien definidos en lo que se persigue, que no es más que el desarrollo de la producción nacional. Y que a corto y largo plazo convierta a los Países importadores a Países exportadores.

EN LA SEGURIDAD

Al mismo tiempo que trabajemos en la función de una "Seguridad integral" es necesario crear soluciones temporales e inmediatas que ayuden a disminuir la inseguridad en las comunidades. Por lo tanto debemos tomar como acción inmediata lo siguiente:

- Dotar a todos los sectores populares y a los comercios de una vigilancia efectiva las 24 horas.

- Fomentar la defensa ciudadana de los sectores donde habitan, coordinados con la autoridades locales.

- Sincerar la realidad carcelaria de las Comunidades o Sociedades.

- Debe trabajarse en una estructura judicial penitenciaria para que las cárceles puedan separar a los ejecutados de acuerdo a su criminalidad. No es racional mezclar criminales de alta peligrosidad con personas que pueden ser reinsertados en las sociedades.

- A la par de que el Sistema de Justicia se "Reinventa" se debe acelerar de inmediato a los tribunales, para que se ejecuten las sentencias pendientes.

EN LO POLITICO

Para poder lograr el arranque de "Reinventarnos" se debe lograr la mayor participación de todos los factores que conviven en las Comunidades o Sociedades y poner en la mesa de discusión todas las ideas que existan, sin que se descarte o desestime ninguna de ellas. Todos estos factores deben de deslastrarse de la conveniencia individual o grupal, para pensar en el beneficio global de las Comunidades o Sociedades, logrando un consenso solido, sincero y leal.

EN LO ELCTORAL

Aunque la evolución de la tecnología es una realidad irrefutable, es necesario que el mecanismo de elección continúe en la forma convencional (Manual) o en forma combinada

("Manual-Electrónica"), nunca se le puede delegar a las maquinas electrónicas un proceso donde se determinan la voluntad de los pueblos, porque sabemos que las maquinas son programadas y que también son susceptibles de jaqueo, control parcializado, vandalismo y virus. En ningún momento la verificación manual se debe descartar. También es necesario que los entes encargados de los procesos electorales publiquen copia de los registros de la firma y huellas de quienes ejercieron sus Derechos. Esta práctica corroboraría que no hubo ninguna actitud fraudulenta en la ejecución de estos actos.

LO QUE DEBE EXISTIR

- Diversidad de Industrias y Comercios que permitan la libre competencia.
- Amplitud del Estado para el estudio, la aceptación y financiamiento si es viable de Proyectos que beneficien a las Comunidades o a las Sociedades.
- Libertad de disentir y protestar sin que el Estado se convierta en opresor.
- Contacto personalizados de las personas elegidas por el voto popular con quienes los eligieron.

- Respeto mutuo entre las diversas organizaciones políticas y sociales que convivan en las Comunidades o Sociedades.

- Los que ocupen cargo de Presidente, Gobernadores y Alcaldes, deben apartarse totalmente de las organizaciones políticas que lo apoyaron, cuando estén en ejercicio de sus cargos.

- Las personas que ocupen cargo en las Instituciones no deben pertenecer a ninguna organización política.

- Los Legisladores y Diputados deben recibir como salario, lo equivalente a su actividad que ejercían antes de ser electos.

- El reconocimiento, respeto y la fomentación a la convivencia democrática por parte del Estado, a los grupos opositores e inversamente de los opositores hacia el Estado.

- Una Constitución con claridad de interpretación para todos en la misma forma que las Instituciones y el Estado la puede interpretar.
- La Igualdad de Oportunidades.
- El Estado debe estar abierto para oír las exigencias o molestias de los distintos sectores que hacen vida en las Comunidades o Sociedades y tratar de llegar acuerdos con ellos si hay viabilidad. Evitando cualquiera confrontación frontal o no frontal.

LO QUE NO DEBE EXISTIR

- El Latifundio
- El Monopolio
- La Corrupción.
- La concentración de Poderes en pocos
- El desconocimiento a las minorías
- Un Estado controlador de las informaciones

- Violencia, ni por parte del Estado y ni tampoco por parte de la parte Opositora.
- El uso de las Fuerzas Armadas y Policiales como represoras.
- Instituciones contaminadas, corrompidas parcializadas y politizadas.
- La intimidación a personas, grupos u organizaciones por parte del Estado o de otros sectores.
- La larga permanencia en los cargos de los funcionarios elegidos a Presidentes, Gobernadores y Alcaldes.
- La desidia ni de parte de los Gobiernos y ni tampoco de los ciudadanos que conforman a las Comunidades o Sociedades.
- La división de las Comunidades o Sociedades.
- La Manipulación ni de los hechos y ni tampoco de los ciudadanos.
- La Discriminación de ningún tipo.
- La Homofobia.

SINTESIS

De la necesidad de "Reinventarnos" podemos sintetizar lo siguiente:

- Que las Comunidades o Sociedades han fracasado en la búsqueda de alcanzar globalmente unas Naciones justas y estable que generen una vida de alta calidad para todos sus ciudadanos, sin que haya excepciones.
- Que a partir de esta realidad lo que se impone es "Reinventarnos" y

"Reinventar" las Comunidades o Sociedades en todos sus aspectos estructurales.

- Que ese "Reinventar" pasa desde reinventarnos como hombre, como sociedad y hasta como ente pensante.

- Que debemos "Reinventarnos" en nuestra esencia, pasando desde lo ideológico, filosófico, hasta lo religioso.

- Que al "Reinventarnos" debe inducirnos a una nueva forma de análisis, que sea más precisa, real y más humana.

- Que debemos "Reinventar" al Sistema Político, a las Sociedades, a la Economía, a los Estados y hasta al ser humano.

- Que debemos buscar entre todas las contradicciones y diversidades de ideologías un punto de equilibrio lleno de coincidencias. Que nos permita "Reinventar" a las Sociedades sensiblemente más humana y a los hombres con más sensibilidad en lo social.

- Que hay Derechos inviolables y que todo acto de "Reinventarnos" debe estar basado profundamente y estrictamente en el respeto a estos.
- Que no hay Estado por encima de los beneficios generales de las Comunidades o Sociedades.

IMPORTANTE

- Tenemos que tener en cuenta que para emprender cualquier cambio en las Comunidades o Sociedades, se debe comenzar por aceptar que es necesario e imprescindible el cambio.

- Que "Reinventarnos" no es una lucha fácil ni los resultados pueden ser visto inmediatamente (por esa es la razón de aplicar políticas de urgencias)

- Igualmente esto requiere de muchos esfuerzos y disponibilidad.